W0271952

SOUL OF TOKYO

GUIDE DES 30 MEILLEURES EXPÉRIENCES

ÉCRIT PAR FANY ET AMANDINE PÉCHIODAT
CO-ÉCRIT PAR IWONKA BANCEREK
ILLUSTRÉ PAR KANAKO KUNO

ÉDITIONS JONGLEZ

guides de voyage

鰹
鰊
鯛

“ LE GOÛT DU JAPON,
C’EST CELUI
D’UN GRAIN DE RIZ.

IL FAUT *DÉLICATEMENT*
CROQUER DEDANS.

ET REJOINDRE
SON COEUR. “

FRANÇOIS SIMON

DANS CE GUIDE
VOUS NE TROUVEREZ PAS

- le 06 de l'office de tourisme de Tokyo
- la traduction japonaise de "prendre un ticket de métro"
- la liste des médicaments à emporter

DANS CE GUIDE
VOUS TROUVEREZ

- le 06 du meilleur sushi de Tokyo
- la traduction japonaise de "prendre un bain de forêt"
- le cocktail de votre vie
- un resto secret dans Shibuya
- un salon de thé planqué derrière un fleuriste
- le onsen le plus dingue
- le meilleur massage de tête
- la plus petite librairie du monde
- l'art de faire du Standing Sushi

Car ce guide n'est pas fait pour ceux qui viennent pour la première fois à Tokyo, mais la deuxième. Ceux qui veulent pousser ses portes secrètes, capter les battements de son coeur, phosphorer ses moindres recoins pour atteindre son âme.

Après avoir ratissé Paris, Fany et Amandine Péchiodat (les fondatrices de My Little Paris) remettent ça avec une nouvelle ville de coeur : Tokyo.

Il y a 5 ans, My Little Paris ouvre un bureau au Japon. À chaque fois qu'elle atterrit à Tokyo, Fany en profite pour dénicher et tester de nouvelles adresses.
En 2018, elle quitte My Little Paris et crée "Soul Of" avec Thomas Jonglez : une nouvelle approche du voyage qui saisit l'âme d'une ville en 30 expériences inoubliables.

COMMENT FONCTIONNE **CE GUIDE**

UNE VILLE PASSÉE AU RADAR

+

DES RENCONTRES BIZARRES
(un maître du thé, une créatrice d'émotions, un chef étoilé fils de geisha)

+

DES CENTAINES D'ADRESSES TESTÉES

–

DES ADRESSES TROP CONNUES REJETÉES

+

DES INCONNUS SUIVIS AU FEELING

+

DES MILLIERS DE SUSHIS ENGLOUTIS

+

DES LITRES DE THÉ VERT

+

UNE ILLUSTRATRICE NATIVE DE LA VILLE

+

DES KILOMÈTRES DE RUES ARPENTÉS

–

QUELQUES IMPASSES

=

Les 30 meilleures adresses de Tokyo

LES SYMBOLES DE
"SOUL OF TOKYO"

< 40 euros

40 à 80 euros

> 80 euros

ils ne parlent pas anglais, alors demandez à votre hôtel (ou à des amis japonais) de réserver

100 % Japon traditionnel

encore mieux en amoureux

vous aurez souvent besoin de montrer les adresses des lieux à votre chauffeur de taxi, alors on vous les met en japonais sur chaque page

30 EXPÉRIENCES

01. Boire le cocktail de sa vie
02. Un salon de thé au milieu des fleurs
03. Le meilleur concept store de Tokyo
04. Resto-cachette dans Shibuya
05. Passer la nuit dans l'étagère d'une bibliothèque
06. Le sushi préferé de François Simon
07. Le meilleur onsen de Tokyo
08. Le chef étoilé qui ne fait rien comme tout le monde
09. 1233 nuances de papier
10. Déjeuner dans un jardin japonais
11. La plus grande librairie du monde
12. La plus petite librairie du monde
13. Magique tout simplement
14. Fêter son "faux" anniversaire
15. Marché de street-food tokyoïte
16. Manger chez des petits vieux
17. Faire un tour de vélo dans Tokyo
18. Boire un jus de yuzu au musée Nezu
19. Mini rue maxi cuite
20. Manger de la cuisine paysanne
21. Bio mais pas que
22. Passer une nuit dans le vieux Tokyo
23. Faire du Standing Sushi
24. Faire un head spa
25. Postuler pour un resto
26. Boire un cocktail à 235 mètres du sol
27. Manger de l'art
28. Quitter la ville pour une nuit magique
29. Dormir dans un hôtel capsule
30. Le musée le plus fou

...

31. L'adresse trop secrète

雷門
17
22
新宿
Shinjuku
29
千代田
Chiyoda
8
18
4
6
2
24
21
20
13
12
9
1
10
東京
TOKYO
7
品川
Shinagawa
30

#01

BOIRE LE COCKTAIL **DE SA VIE**

Quand on boit un cocktail chez Gen Yamamoto, on se dit qu'avant, on n'avait jamais bu de cocktail.

Assis dans son minuscule bar et ses 8 places, on assiste dans un silence monacal à une cérémonie de mixologie unique : une procession délicate de gestes attentifs, durant laquelle il découpe religieusement le yuzu, déshabille la tomate, dose le gin et le saké avec une minutie de savant fou.

Mandarine, vodka au lait et haricots japonais, fruit de la passion, whisky de Kyoto : en 6 cocktails, vous verrez passer dans les verres des rencontres éblouissantes, aussi mémorables qu'inattendues.

CRÉDITS : CITYFOODSTERS

GEN YAMAMOTO
1-6-4 AZABU-JUBAN, MINATO-KU, TOKYO, ANNIVERSARY BUILDING 1F

東京都港区麻布十番1-6-4
アニバーサリービル1F

MAR - DIM : 15h / 23h
LUN : fermé

Réservation indispensable par mail
office@genyamamoto.jp
www.genyamamoto.jp
+81 3-6434-0652

4 cocktails : 5 500 yen
6 cocktails : 7 500 yen

#02

UN SALON DE THÉ **AU MILIEU DES FLEURS**

À première vue, ça ressemble à un gentil petit fleuriste qui fournit les habitants du quartier. Mais derrière les bouquets, sous une serre en fleurs, se cache une maison de thé toute zen. Les serveuses portent des tabliers de fleuristes en toile et distribuent des théières remplies de thé aux herbes fraîchement coupées du matin. À faire pour reprendre son souffle entre deux courses effrénées dans Tokyo.

AOYAMA FLOWER MARKET TEA HOUSE
5-1-2 MINAMI-AOYAMA, MINATO-KU, TOKYO
東京都港区南青山5-1-2

LUN - SAM : 11h / 20h
DIM : 11h / 19h

Réservation conseillée
+81 3-3400-0887

www.afm-teahouse.com/aoyama

AOYAMA FLOWER MARKET TEA HOUSE

AOYAMA
FLOWER
MARKET
TEA HOUSE
AOYAMA
FLOWERMARKET
TEA
TEA
HOUSE
HOUSE

#03

LE MEILLEUR CONCEPT **STORE DE TOKYO**

Si vous aimez le concept store parisien *Merci*, vous allez adorer celui du créateur japonais Minä Perhonen, qui ne fait rien comme tout le monde.

Ouverte il y a un an dans le quartier d'Omotesando, Call (la contraction de "Creation" et "All") ressemble à une joyeuse maison où travaillent 3 générations : la vendeuse la plus jeune a 20 ans, la plus âgée a 83 ans. Minä aime mélanger les générations dans tous ses lieux et embauche beaucoup de personnes à la retraite qui ne veulent pas arrêter de travailler. Chez Call, on déambule de pièce en pièce et on découvre une épicerie, un restaurant avec terrasse perchée et un atelier de tissus.

CRÉDITS : MASAHIRO SANBE

CALL
(Entrez par le bâtiment Spiral, prenez l'ascenseur à gauche, puis 5e étage)
5-6-23 MINAMI-AOYAMA, MINATO-KU, TOKYO, SPIRAL, 5E ÉTAGE

東京都港区南青山5-6-23
SPIRAL5階

LUN - DIM : 11h / 20h

+81 3-6825-3733

www.mp-call.jp

CALL

#04

RESTO - CACHETTE **DANS SHIBUYA**

Les grands romantiques tombent amoureux 3 fois par jour. Pour Yuri Nomura, c'est à chaque repas. Sa plus belle histoire d'amour, c'est la nourriture. Elle a étudié en Angleterre, poli ses casseroles dans les cuisines de Paris et de San Francisco (dans le fameux restaurant "Chez Panisse" d'Alice Waters), puis elle est revenue pour ouvrir son restaurant Eatrip, petit oasis de verdure caché dans la furie shibuyienne. Sous la verrière, sur de grandes tables en bois, on mange des plats simples, colorés, remplis de douceur, à base d'aliments organiques, locaux et de saison. Son inspiration ? La cuisine de son enfance, celle qui va chercher les souvenirs et les émotions. Interdit d'aller à Tokyo sans passer dîner chez elle.

EATRIP
6-31-10 JINGUMAE
SHIBUYA-KU TOKYO, 1F

東京都渋谷区神宮前6-31-10

DÎNER : MAR - SAM : 18h / minuit
SAM : 11h30 / 15h
DIM : 11h30 / 17h

Réservation obligatoire
+81 3-3409-4002
shibuya@mail.com

www.restaurant-eatrip.com

- YURI NOMURA -

CUISINIÈRE EN ÉMOTIONS

Fascinée par le lien entre ce que l'on ressent et ce que l'on mange, Yuri va créer un laboratoire d' émotions. Rencontre magnétique.

Comment étiez-vous dans votre enfance ?

J'étais très gourmande. Ma mère tenait une école de cuisine. J'ai donc toujours vécu dans l'environnement des gens qui "aiment manger". Et c'est vrai que je m'intéressais à la cuisine mais je n'ai jamais pensé que j'en ferais un métier.

Pour moi, la cuisine, c'était un "truc de filles". Et je préférais les "boys talk" !

Ensuite je suis partie étudier en Angleterre. En rentrant, j'ai eu envie de commencer à cuisiner.

Qu'est-ce qui vous a influencée ?

D'abord, le partage. Quand on travaille main dans la main, on forme une communauté, et c'est ça qui nous donne la force. Pour moi, la cuisine est le meilleur outil pour rencontrer des gens que j'aime, qui partagent des choses que j'aime. Et enfin, la cuisine de la famille.

Qu'est-ce que signifie la cuisine pour vous ?

C'est une cuisine du coeur, ça ne doit pas être quelque chose de sophistiqué.

Le laboratoire d'émotions que je vais créer sera un lieu de performances culinaires qui reconstituera des émotions, des souvenirs à travers le goût d'un plat.

Quel est votre plat d'enfance ?

Un gâteau au mimosa que ma mère préparait pour les invités. Il y en avait toujours dans le réfrigérateur pour accueillir les visiteurs, qui étaient très nombreux. Et moi, au fil de la journée, j'en piquais un petit morceau, un autre petit morceau...

Quel est le plat d'enfance universel au Japon ?

La soupe miso !

Bientôt je vais ouvrir un laboratoire d'émotions

JONATHAN SAFRAN FOER
電車男

#05

PASSER LA NUIT DANS **L'ÉTAGÈRE D'UNE BIBLIOTHÈQUE**

Rien de plus délicieux que de s'endormir en pratiquant l'activité que l'on aime faire le plus au monde. Pour les architectes Makoto Tanijiri et Ai Yoshida, ce moment, c'est celui de la lecture. Au 7e étage d'un immeuble d'affaires, ils ont créé une bibliothèque dans laquelle de minuscules chambres sont encapsulées pour y passer la nuit ou s'assoupir le temps d'une sieste.

Choisissez votre livre, un manga, un roman de voyages ou d'aventures en anglais ou en japonais, puis glissez-vous dans votre couchette et fermez le rideau.

CRÉDITS : @AG.LR.88

BOOK AND BED TOKYO
1-17-7, NISHI IKEBUKURO, TOSHIMA-KU, TOKYO, LUMIERE BUILLDING 7F

東京都豊島区西池袋1-17-7 ルミエールビル7階

LUN - DIM : check-in 16h / 23h
check-out 11h
DANS LA JOURNÉE* : 13h / 17h

à partir de 5 000 yen la nuit ; 500 yen par heure ou 1 500 yen pour 4h

bookandbedtokyo.com/en/tokyo/index.html

* les lits ne sont pas disponibles pour les séjours dans la journée

BOOK AND BED TOKYO

LUTELLA

#06

LE SUSHI PRÉFÉRÉ **DE FRANÇOIS SIMON**

On n'aurait jamais entendu parler de ce sushi sans François Simon, le grand critique gastronomique qui détecte dans le monde entier des pépites de restaurants.

Celui-là, il l'a cueilli dans le quartier d'Omotesando. Makoto, le boss, pratique la bête depuis 50 ans : des sushis, il en a roulé dans tous les coins de Tokyo avant d'ouvrir cette petite enseigne au charme discret et à l'équipe joyeuse. Entrez et déclarez omakase, ça signifie "je m'en remets à vous" et donne carte blanche au maître sushi. C'est alors que déboulent sous vos yeux sushis, sashimis, poissons grillés, sardines, soles, poulpes, crevettes, thons... en tout 12 à 15 pièces d'une bonté et d'une délicatesse sans égal.

KIDOGUCHI SUSHI
5-6-3 MINAMIAOYAMA
MINATO TOKYO, B1F

東京都港区南青山5-6-3 メゾンブランシュ半地下

DÉJEUNER : 12h / 14h
DÎNER : 18h / 23h

+81 3-5467-3992
Réservation indispensable

Déjeuner 3 000 yen
Dîner 20 000 yen

- FRANÇOIS SIMON -

CRITIQUE

François Simon, c'est le critique gastronomique masqué de Paris. Tout le monde le connaît, mais personne ne l'a jamais vu : il teste tous les restos en douce. Voyageur au Japon multirécidiviste, il connaît Tokyo comme sa poche.

Qu'est-ce qui te fascine au Japon ?

Le Japon m'a appris le retour à l'innoncence. Ça fait 25 ans que je voyage au Japon et j'ai réalisé que j'étais en train d'avoir une opinion bien trop précise sur ce pays. J'avais presque hâte qu'on me demande : "Tiens, qu'est-ce que tu penses du Japon ?" parce que j'avais réponse à tout. Et puis en fait, je me rends compte que je ne sais plus rien. J'ai tout oublié, pour me retrouver comme un enfant, juste avec les yeux et la mémoire, sans que l'intelligence ramène sa fraise pour venir tout structurer.

Plus ça va, moins j'en sais et ça me remplit d'aise

Quel est le goût du Japon ?

Celui d'un grain de riz

Ce qu'il y a d'intéressant dans le grain de riz, c'est, au moment où tu croques dedans, d'arriver à isoler le coeur moelleux de la carapace.

La dernière fois que tu es allé au Japon c'était…

… à Sapporo. Initialement je devais aller tester un restaurant chic et j'ai dit à mon pote que je voulais connaître le vrai Sapporo. Alors on est allés dans un restaurant de bohème, une sorte de joyeux bordel estudiantin, un peu poussiéreux, où on a bu du saké, discuté dans toutes les langues. C'est comme ça pour moi qu'on arrive à aller "au bout du grain de riz."

Comment recommandes-tu de voyager ?

En franchissant deux montagnes : celle des préjugés et celle du confort. Parce que de l'autre côté de ces montagnes, il y a une merveilleuse récompense : tout est à découvrir. Par exemple, aller chercher un onigiri à 2h du matin au 7-Eleven, préférer au Shinkansen les petits trains lents de province, choisir son bento à la gare et le manger dans le train en regardant le paysage, dormir dans des auberges de jeunesse, aller dans des quartiers inconnus, dans des musées où personne ne va… En fait, s'efforcer de faire ce qui nous met en inconfort mais nous fait gagner en connaissance .

On se sent tout petit, alors on ferme sa gueule et on goûte au Japon en silence

Sortir de ce que l'on est et laisser le Japon infuser en soi

07

LE MEILLEUR ONSEN **DE TOKYO**

Cet onsen-là, il est immense et construit dans un décor typique de l'ancien Tokyo, inspiré de l'époque traditionnelle que l'on appelle "Edo". On s'y promène en portant un yukata, le kimono d'été que l'on nous prête à l'entrée. On vous conseille d'abord de vous promener dans le jardin japonais parmi les érables et de prendre un bain de pieds dans le ruisseau, avant de vous dévêtir pour plonger dans les bains chauds intérieurs puis extérieurs.

Ensuite, terminez par une sieste dans les fauteuils massants du onsen. État de sortie : planant.

TRAVERSER LA BAIE DE TOKYO EN MÉTRO AÉRIEN

Pour aller dans cet onsen assez éloigné du centre de Tokyo, profitez-en pour prendre la ligne de métro aérienne : Yurikamome (qui signifie "mouette rieuse", le nom d'un oiseau qui peuple la baie de Tokyo). Elle fait 14,7 km et traverse le pont suspendu au-dessus de la mer, le Rainbow Bridge. Vous en prendrez plein les yeux. Descendez à la station Telecom Center.

OEDO ONSEN MONOGATARI
2-6-3 AOMI, KOTO-KU
TOKYO

東京都江東区青海2-6-3

LUN - DIM : 11h / 9h
Ouvert toute la nuit

+81 3-5500-1126

daiba.ooedoonsen.jp/en/

ONSEN
MODE D'EMPLOI

Le bain chaud est le dada des Japonais. Avant ou après le repas du soir, pour se "laver l'esprit", ils vont en famille dans un onsen (source chaude en pleine nature) ou un sento (bain public de quartier). Il y a des bains pour les femmes, des bains pour les hommes. Chacun a son baquet sous le bras pour se laver et une serviette enroulée sur le front pour se protéger les cheveux ou se rafraîchir la tête.

Déshabillez-vous :

il est interdit de porter un maillot de bain

(et d'avoir un tatouage aussi).

Votre seul accessoire :

une micro-serviette à poser sur votre tête.

Dirigez-vous vers les douches

Prenez un baquet

Asseyez-vous sur un petit banc

et lavez-vous soigneusement.

Plongez dans le bain

Attention : l'eau est très chaude, environ 42 degrés, parfois plus.

#08

LE CHEF ÉTOILÉ QUI **NE FAIT RIEN COMME TOUT LE MONDE**

Den, c'est le seul chef étoilé Michelin qui a de l'humour. Si vous demandez à Passard son restaurant préféré à Tokyo, il vous glisse tout de suite cette adresse sous le manteau. Son restaurant est dans le classement des 50 meilleurs du monde entier. Dans chacun de ses plats, un truc renversant se passe, qui fait systématiquement marrer les clients. Un emoji taillé dans une carotte, une fourmi volontairement cachée dans une salade... Il a beaucoup d'humour et il met beaucoup de sérieux à en avoir. Son obsession : rajeunir l'image de la cuisine traditionnelle japonaise auprès des jeunes. Et ça marche.

CRÉDITS : PAOLO STA. BARBARA

JIMBOCHO DEN
2-3-18 JINGUMAE, SHIBUYA-KU, TOKYO,
ARCHITECT HOUSE HALL JIA

東京都渋谷区神宮前2-3-18 建築家会館JIA館

DÉJEUNER : horaires variables
DÎNER : 18h / 23h
DIM : fermé

+81 3-6455-5433
Réservation indispensable

www.jimbochoden.com

- DEN -

CHEF ÉTOILÉ

D'où vous est venue cette manière surprenante de cuisiner ?
De ma mère, qui était geisha. Elle m'a appris la cuisine, mais surtout l'art de divertir les clients. Je n'ai jamais fait d'école de cuisine, mais j'ai fait mon premier stage dans son ryotei (restaurant tenu par les geishas). Les clients, qui étaient de mèche avec elle, faisaient tout le temps renvoyer mes plats en cuisine, pour m'apprendre l'humilité. J'ai compris que je ne devais pas cuisiner en pensant à moi mais en pensant au client. Parce que si je pense à lui, il pensera à moi.

Ma mère était geisha

Quels types de plats cuisinez-vous ?
Je ne sais pas cuisiner autrement que de la cuisine japonaise traditionnelle. Or j'ai remarqué que les jeunes ont tendance à ne plus en manger. Il y a trop de règles. Je trouvais ça dommage alors j'ai décidé de la remettre au goût du jour, en la rendant drôle, sans tabou.
Pour moi, la cuisine doit être un langage. Chez moi, je veux qu'ils se sentent chez eux. D'ailleurs, je personnalise souvent les plats avec un dessin, une image, un

prénom, quelque chose que je connais de mon client.

Comment imaginez-vous la création de vos plats ?

On discute beaucoup avec notre équipe et on compose ensemble selon notre humeur du moment.

Par exemple, comme au Japon on ne boit pas de café après le dessert, j'ai détourné une tasse Starbucks pour en faire un dessert avec un goût de cappuccino-truffe totalement inattendu. Comme j'ai perdu une étoile Michelin l'année dernière, j'ai écrit "Starbacks", en espérant que ça va me faire revenir l'étoile ! Chaque plat est une histoire.

Quant à la foumi dans la salade, je l'ai mise volontairement car c'est quelque chose qui rappelle la nourriture de nos ancêtres japonais.

Quel est le meilleur conseil qu'on vous ait donné dans votre vie ?

"La seule constante dans une vie, c'est le changement". C'est un conseil de ma mère, auquel je pense à chaque fois que je cuisine. Aujourd'hui, elle a 59 ans. Et elle est toujours geisha !

CRÉDITS : CITY FOODSTERS

#09

1233 NUANCES **DE PAPIER**

Fondé en 1904, c'est le temple du papier sur 10 étages : 1000 nuances de couleurs, déclinées en enveloppes, carnets, papiers à origami, papiers cadeaux (le fameux washi japonais), cartes postales, cartes de voeux. D'ailleurs, les couleurs ne sont pas des numéros mais des noms atypiques : peau de mouton, petite sirène...

Artistes, écrivains et designers accourent dans cette maison pour s'approvisionner. Nous, on en est ressortis avec 17 stylos, 3 kg de papiers et 5 carnets à noircir.

Nos 2 étages préférés :
Le 2ᵉ, "Letters", dédié à l'envoi de courrier, possédant même des timbres et une boîte aux lettres.
Le 10ᵉ, "Farm", où l'on trouve un potager à salades toutes fraîches, qui seront ensuite cueillies pour être servies dans le restaurant juste au-dessus.

ITOYA
2-7-15 GINZA, CHUO-KU
TOKYO

東京都中央区銀座2-7-15

LUN - DIM : 10h / 20h | +81 3-3561-8311 | www.ito-ya.co.jp

P270
P280
P390
P400
P510
P520

ITOYA

#10

DÉJEUNER DANS **UN JARDIN JAPONAIS**

Si vous êtes toqué de tofu, allez assouvir votre tofumania chez Tofuya Ukai, une maison traditionnelle et son jardin japonais inspirés de la période Edo. Même les serveuses portent l'hakama, le kimono des working girls, constitué d'un pantalon plissé qui leur permet de marcher plus aisément.

Le tofu, préparé maison, défile dans tous ses états : age-dengaku (frit sur le charbon et recouvert de miso sucré-salé), tosui-tofu (mélangé avec du lait de soja et servi dans un bol en céramique) ou yuba (en croûte de tofu, la spécialité de Kyoto).

On s'installe sur des tatamis face à un jardin japonais magnifique, la porte coulissante se ferme et la longue cérémonie des plats peut commencer.

TOFUYA UKAI
4-4-13 SHIBA-KOEN, MINATO-KU, TOKYO

東京都港区芝公園4-4-13

LUN - DIM : 11h / 22h
Fermé 1 fois par mois

+81 3-3436-1028
Réservation indispensable

www.ukai.co.jp/english/shiba/

QU'EST-CE QUE LA PÉRIODE EDO ?

C'est une période phare dans la construction culturelle du Japon, car c'est le moment où le pays s'est fermé aux influences étrangères et a développé sa culture locale (entre 1603 et 1868). C'est donc principalement pendant la période Edo que l'artisanat qui fait le Japon traditionnel d'aujourd'hui est né.

TOFUYA UKAI

JAZZ
BLUE NOTE

#11

LA PLUS GRANDE **LIBRAIRIE DU MONDE**

3 gigantesques bâtiments traversés par une "Magazine street" longue de 55 mètres. La librairie Tsutaya Daikanyama, classée parmi les 20 plus belles librairies du monde, est le temple des magazines lovers, un dédale moderne sur 6 niveaux où se trouve tout ce qui peut exister en terme de lecture japonaise comme internationale : littérature, cuisine, voyage, voitures, art, architecture, musique, et tout ça ouvert jusqu'à 2 heures du matin. Ça donne le tournis, non ?

Conseil : n'oubliez pas de monter au 1er étage du bâtiment central où vous découvrirez la librairie Anjin, un espace lounge où se poser dans de gros canapés pour boire un verre et feuilleter un des 30 000 magazines vintage chinés dans le monde entier.

TSUTAYA
16-15 SARUGAKUCHO,
SHIBUYA-KU, TOKYO

東京都渋谷区猿楽町16-15

LUN - DIM : 7h / 2h

+81 3-3770-2525

real.tsite.jp/daikanyama/english/index.html

#12

LA PLUS PETITE **LIBRAIRIE DU MONDE**

Une seule pièce, avec un seul livre : c'est le précepte de cette micro-librairie adepte du minimalisme à la japonaise. Chaque semaine, un nouveau livre choisi, un nouvel univers, puisque toute la pièce s'adapte au livre qui est présenté. On peut acheter le livre mais aussi rencontrer son auteur et les objets qui y sont associés.

CRÉDITS : MIYUKI KANEKO COURTESY TAKRAM

MORIOKA SHOTEN & CO
1-28-15 GINZA, CHUO-KU, TOKYO,
1F SUZUKI BUILDING

東京都中央区銀座
1–28–15 鈴木ビル 1F

MAR - DIM : 13h / 20h
LUN : fermé

+81 3-3535-5020

#13

MAGIQUE
TOUT SIMPLEMENT

Dans une ruelle de Ginza, une porte qui donne sur une petite salle toute noire avec une grande table et 8 places. On entre, on s'assoit. D'abord des sons mystérieux puis, sur les murs, une forêt de bambou apparaît, des fleurs se mettent à pousser, des papillons à voler. Une neige de pétales tombe sur votre table qui devient une rivière, tandis que de votre assiette s'envole un papillon. Vous êtes dans le restaurant digital MoonFlower Sagaya Ginza, Art by teamLab. Il y en a très peu dans le monde et celui-là est le plus accessible. C'est cher, mais c'est tellement beau, magique et délicieux que ça vaut le coup de traverser le monde entier pour y aller.

CRÉDITS : MOONFLOWER SAGAYA GINZA, TOKYO, JAPAN © TEAMLAB

MOONFLOWER SAGAYA GINZA, ART BY TEAMLAB
2-5-19 GINZA, CHUO-KU, TOKYO, 6F, PUZZLE GINZA

東京都中央区銀座 2-5-19
PUZZLE 銀座 6F

TOUS LES JOURS : 19h

+81 3-6263-2525
Réservation indispensable

moonflower-sagaya.com

MOONFLOWER SAGAYA GINZA,
ART BY TEAMLAB

#14

FÊTER SON "FAUX" **ANNIVERSAIRE**

Dans une rue animée du quartier de Shibuya, deux restaurants se font face : dans l'un, les patrons sont des hommes, dans l'autre, des femmes. Chez les hommes, on mange du poisson tranquillement, chez les femmes, on sert des brochettes en chantant. Deux types de cuisine, deux atmosphères qui se taquinent en essayant de récupérer dans la rue le plus de clients. Nous, on a choisi notre camp, celui des femmes, qui a l'atout majeur de fêter les anniversaires comme jamais.

Conseil : appelez, dites que c'est l'anniversaire de quelqu'un de votre table… on ne vous dit pas ce qui va se passer.

TEPPEN ONNA DOJO
41-23 UDAGAWA-CHO,
SHIBUYA, TOKYO

東京都渋谷区宇田川町
41-23　第二大久保ビル1F

LUN - DIM : 17h / 24h

+81 3-5428-3698
Réservation conseillée

à partir de 2 000 yen

SHOZO COFFEE STORE

#15

MARCHÉ DE **STREET-FOOD TOKYOÏTE**

Une brasserie de bière artisanale, un burger truck façon Brooklyn, un stand vegan, une cabane à poissons cuits au chalumeau et une caravane à tapas... N'en jetez plus, vous êtes bien dans le royaume des hipsters. Commune 2nd, au coeur d'Omotesando, est un marché de street-food éclectique et coloré où l'on choisit à boire et à manger dans un des food trucks avant de s'assoir tous ensemble sur une grande table en bois. Certains soirs, il y a des concerts en plein air. Divinement hipster japonais.

COMMUNE 2ND
3-13 MINAMI-AOYAMA,
MINATO-KU, TOKYO

東京都港区南青山3-13

LUN - DIM : 11h / 22h

commune2nd.com

STREET MARKET COMMUNE 2ND

Fries & Ginger Ale
BROOKLYN
RIBBON FRIES
make you
LICIOUS!
GINGER
DRINK
1 BRF GINGER ALE
-RIBBON FRIES-
TO GO PACK
ORDER
HERE
BLUE MOON
BELGIAN
WHITE
FRIES
DRINK
ALCOHOL

LES JAPONAISIES

Il y a des mots qui n'existent qu'au Japon
parce qu'ils décrivent un état, une humeur, un sentiment
que seule la culture japonaise permet de percevoir.
On vous a sélectionné nos 6 "Japonaisies" préférées.

Komorebi

木漏れ日

*RAYONS DE SOLEIL

La lumière du soleil qui filtre à travers les feuilles des arbres.

Shinrinyoku

森林浴

*BAIN DE FORÊT

Prendre un bain de forêt.
Se promener loin dans les bois où tout n'est que silence, paix et relaxation.

Yuugen

幽玄

*LA BEAUTÉ D'UN LIEU

La perception de l'univers qui déclenche des émotions trop mystérieuses et profondes pour être exprimées par des mots.

Shoganai

しょうがない

*LES ALÉAS DE LA VIE

"On ne peut rien y faire, mais c'est comme ça". C'est l'acceptation que quelque chose est de toute façon hors de contrôle et qu'il faut continuer sans regret.

Hijiame

肘雨

*PLUIE DE COUDES

Au Japon, il y a 50 appellations de la pluie différentes, mais notre préférée est la pluie-coude : pluie si soudaine que l'on n'a pas le temps de sortir son parapluie et que l'on se protège avec les coudes.

Wabisabi

わびさび

*BEAUTÉ DU TEMPS QUI PASSE

C'est imparfait, c'est éphémère, c'est usé par le temps ?
C'est justement ça qui est beau. Cette esthétique du temps qui passe s'appelle le "wabisabi".

SOSAIBOU
4-1-9 MEGURO-HONCHO,
MEGURO-KU, TOKYO

東京都目黒区目黒本町4-1-9

LUN - VEN : 18h / minuit
Fermé les week-ends et jours fériés

+81 3-3710-4336
Réservation indispensable

menu fixe à partir de 7 000 yen

#16

MANGER CHEZ **DES PETITS VIEUX**

Mais on est où, au fait ? Dans leur salon ? Dans leur cuisine ? Dans leur resto ?

Katsuro et Mieko sont les patrons de Sosaibou. Lui, c'est le poète, il sert des plats qui ressemblent à des voies lactées. Elle, c'est la fêtarde, elle sert le saké. Ils doivent avoir 80 ans et ils ne peuvent pas se passer l'un de l'autre : deux petits vieux excentriques qui servent depuis 33 ans de la cuisine "zen", inspirée des moines.

Dans leurs plats, toutes les couleurs, toutes les formes, tous les goûts sont mélangés : pour lui, parfois il y a des choses amères, parfois des choses sucrées, et il faut l'accepter.

Un lieu où se cognent la joie, la sagesse et... l'ivresse.

QU'EST-CE QUE LA CUISINE ZEN ?

En japonais, on dit Shojin Ryori : la cuisine des moines, une philosophie qui a 800 ans, qui s'inspire de la saisonalité et interdit la viande, le poisson, l'oignon, le poireau, l'ail et autres racines, puisque les récolter entraînerait la mort de ces légumes.

TOKYO,
5H DU MATIN

#17

FAIRE UN TOUR **DE VÉLO DANS TOKYO**

Yanaka, c'est le plus vieux quartier de Tokyo, un des rares à avoir conservé ses temples, maisons en bois et ruelles paisibles traversées par le doux cliquetis des vélos… Parlons-en des vélos : faites comme les habitants de Yanaka et offrez-vous une balade du quartier en louant un vélo chez tokyobike. Cette boutique design qui fait aussi coffee et lifestyle shop est dédiée aux bike lovers, nombreux au Japon, ceux qui emmènent leur vélo partout, dans le métro comme dans leur bureau, jusqu'à dormir avec. En témoigne leur compte Instagram @tokyobike_jp, entièrement dédié au deux-roues.

TOKYOBIKE
4-2-39 YANAKA, TAITŌ, TOKYO

東京都台東区谷中4-2-39

LUN - DIM : 10h / 19h30

+81 3-5809-0980

tokyobikerentals.com

TOKYOBIKE

喜
ときわ
三喜鮨
Asahi
大 ASAHI BEER 20
2-9

5 CHOSES À FAIRE EN VÉLO À YANAKA

- méditer dans le jardin zen du Temple Nezu, un sanctuaire Shinto traditionnel
- visiter SCAI THE BATHHOUSE, une galerie d'art contemporaine construite dans un ancien onsen
- découvrir les parapluies à l'envers et autres objets design de la boutique artisanale KONCENT Kuramae
- déguster et acheter son thé chez Nakamura Tea Life Store, une maison de thé traditionnelle
- créer son agenda sur mesure ou sa couleur d'encre idéale chez le papetier Kakimori

#18

BOIRE UN JUS DE YUZU **AU MUSÉE NEZU**

Il est de ces micro-plaisirs qui font le sel d'une journée : par exemple, filer à Minato au Musée Nezu (musée d'Art traditionnel), passer devant le paravent de bambous et longer l'allée de galets, prendre son billet pour entrer dans le musée, traverser les salles d'expo, pousser la porte du Nezu Café, s'assoir à la table qui surplombe le jardin japonais luxuriant, commander un jus de yuzu, coller son nez contre la vitre et… savourer.

CRÉDITS : FUJITSUKA MITSUMASA

NEZU MUSEUM
6-5-1 MINAMI-AOYAMA,
MINATO-KU, TOKYO

東京都港区南青山6-5-1

MAR - DIM : 10h / 17h	+81 3-3400-2536	il faut acheter une entrée au musée Nezu pour avoir accès à ce salon de thé

JARDIN DU MUSÉE NEZU

のんべい横
2F

水車
みや

#19

MINI RUE
MAXI CUITE

Non, pas celle-là, l'autre. Car oui, vous entendrez forcément parler partout du fameux Golden Gai, ce quartier populaire rempli de bars que l'on appelle plus communément le "quartier de la soif". Mais nous, on vous parle de "la ruelle des ivrognes", beaucoup plus discrète, juste derrière la voie ferrée de Shibuya, reconnaissable à ses guirlandes de lanternes suspendues à l'entrée. Dedans, une allée de minuscules bars qui servent du saké. Notre préféré : celui qui est au bout de la rue, constellé de graffitis, accessible par un tout petit escalier, qui ne peut accueillir que 4 clients et fait aussi karaoké. Demandez au patron, lui aussi il aime bien chanter. État de sortie : joyeux et titubant.

SHIBUYA NONBEI YOKOCHO
1-25 SHIBUYA, SHIBUYA-KU,
TOKYO

東京都渋谷区渋谷一丁目25

idéal après un dîner

#20

MANGER DE **LA CUISINE PAYSANNE**

Robata, ça veut dire "où on se réunit" et c'est exactement le sentiment que l'on a quand on entre chez Robata Honten, un restaurant intime chargé d'histoires. Une façade vieille de 100 ans, des murs débordant de livres, des tentures, de la vaisselle et des meubles d'époque, encore plus vieux que leur patron de 74 ans. Il s'appelle Inoue Takao, est passionné de littérature japonaise et de cinéma et il a pris la suite de son père et de son grand-père pour préparer cette cuisine inscrite dans la tradition paysanne, servie dans de gigantesques plats à se partager. Juliette Binoche et Catherine Deneuve en ont fait leur QG tokyoïte.

ROBATA HONTEN
1-3-8 YURAKUCHO,
CHIYODA-KU, TOKYO

東京都 千代田区有楽町1-3-8

LUN - SAM : 17h / 23h
DIM: fermé

+81 3-3591-1905
Réservation conseillée

à partir de 5 000 yen/pers

3-8
爐端
鑪端

ROBATA HONTEN

#21

BIO
MAIS PAS QUE

Biotop, c'est le Colette du bio : un concept store tout en plantes et tout en fleurs tourné vers l'environnement qui reverse 1 % de ses ventes aux efforts de reboisement au Japon. Créé par la marque japonaise Adam et Ropé, cette boutique est remarquable de par son architecture atypique et inspirante.

C'est le lieu de rendez-vous des designers et des créatifs et c'est là que toutes les marques influentes (et éco-friendly) sont lancées.

Ne passez pas à côté du bar-restaurant Irving Place tout en bois, accessible au troisième étage, et de la treehouse, petite cabane construite dans un arbre, qui surplombe la cour et dans laquelle on peut grimper.

Bio : check. Top : check.

BIOTOP
4-6-44 SHIROKANEDAI,
MINATO-KU, TOKYO

東京都港区白金台4-6-44

LUN - DIM : 11h / 20h

+81 3-3444-2421

www.biotop.jp

#22

PASSER UNE NUIT **DANS LE VIEUX TOKYO**

... et se réveiller sur un tatami. Saluer ses voisins et se promener à vélo dans les petites ruelles du quartier : c'est une immersion dans la vie locale que propose Hanare, un lieu hybride entre maison d'hôtes, hôtel et auberge traditionnelle, situé dans le paisible quartier de Yanaka.

Chez Hanare, en gros, le plan de l'hôtel, c'est toute la ville : vous partagez les même lieux de vie que les habitants du quartier. Vous vous réveillez donc dans une chambre au début d'une rue pour aller prendre votre petit-déjeuner à l'autre bout, puis vous changez de rue pour aller au sento (bain public). Le soir, vous chaussez les geta, ces fameuses tongs japonaises en bois, puis vous entrez dans votre chambre toute vide pour étaler vous-même sur le tatami votre couette et votre futon. Allez, on éteint, bonne nuit !

HANARE
HAGISO, 3-10-25 YANAKA,
TAITO-KU, TOKYO

東京都台東区谷中3-10-25
HAGISO

CHECK IN : 15h / 21h
CHECK OUT : 11h

+81 3-5834-7301
www.hanare.hagiso.jp/en

chambre à 20 000 yen environ

UOGASHI NIHON-ICHI
25-6 UDAGAWACHO,
SHIBUYA-KU, TOKYO

東京都渋谷区宇田川町25-6

LUN - VEN : 10h / 22h30
(dernière entrée)

+81 3-5728-5451

www.uogashi-nihonichi.com/english/

#23

FAIRE DU **STANDING SUSHI**

La file d'attente commence déjà dans la rue mais votre patience sera récompensée : dans ce Standing Sushi Bar typique de Shibuya, des centaines de ventres affamés défilent pour jouir du plaisir fugace d'un sushi "high level" dégusté debout, directement au stand : thon gras, coquille Saint-Jacques, oursin. Jusqu'à minuit, 3 chefs préparent non stop les plats à la minute. 10 petits sushis plus tard et ça repart...

#24

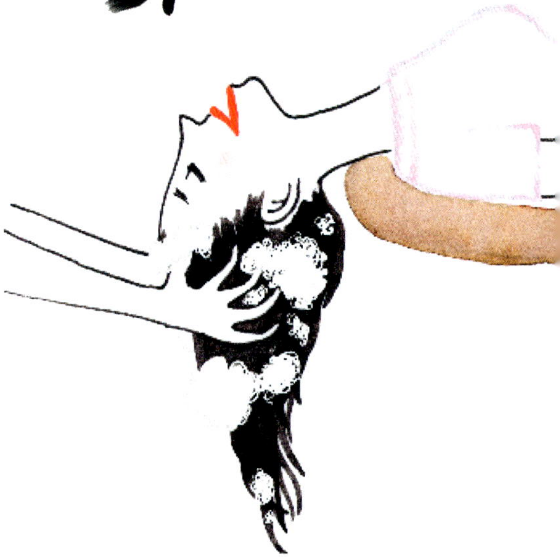

FAIRE **UN HEAD SPA**

3 SALONS DE BEAUTÉ

Au Japon, le massage crânien est un rituel que pratiquent régulièrement les Japonais pour décompresser de leur journée. Où ? Dans des head spas, lieux spécialisés dans le soin des cheveux et de la tête. On vous a sélectionné 3 adresses pour un massage crânien au 7e ciel.

> LE PLUS JOLI :

C'est Ridicule. Oui, c'est bien le nom de ce salon de coiffure bohème installé dans un petit appartement. La spécialité de la maison : le "head spa", un massage crânien divinement bon.

RIDICULE
3-31-13 JINGUMAE,
SHIBUYA-KU, TOKYO

東京都渋谷区神宮前3-31-13

LUN - SAM : 11h / 21h
DIM : 11h / 19h
JOURS FÉRIÉS : 11h / 19h

+81 3-3478-7332
Réservation indispensable

www.ridicule.jp

> LE PLUS PLANANT :

C'est un peu loin (45 minutes), mais ça vaut le détour : Cocona est un hair spa qui vous lave les cheveux, vous les masse et vous les coiffe bercé dans un hamac...

COCONA
3-16-1 KOENJI-KITA, SUGINAMI-KU, 2F,3F

東京都杉並区高円寺北3-16-1
田中ビル2.3階

LUN - DIM : 9h30 / 21h
MAR : fermé

+81 3-5356-6543
Réservation indispensable

salon-cocona.com

> LE PLUS POINTU :

Chez Uka, on vous fait d'abord un diagnostic approfondi de vos cheveux et de votre crâne, puis vous passez dans une petite salle et on s'occupe de vous : selon le moment de la journée, vous choisissez un shampoing pour vous endormir (Nighty night) à base de camomille, lavande ou romarin, ou pour vous réveiller (Wake up) à base de menthe poivrée. Puis on vous lave les cheveux tout en les massant, en alternant pressions fortes et douces sur les points énergétiques du crâne et du haut de la nuque. Ensuite on les enveloppe dans une serviette chauffante, on les coiffe, on les brushe. 45 minutes plus tard, vous sortez comme sur un petit nuage.

UKA TOKYO MIDTOWN,
9-7-4 AKASAKA, MINATOKU,
TOKYO GALLERIA 2F

東京都港区赤坂9-7-4 東京ミッドタウン ガレリア2F

LUN - SAM : 10h / 23h
DIM : 10h / 22h

+81 3-5413-7236
Réservation indispensable

www.uka.co.jp/salons/midtown/

COIFFEUR COCONA

#25

POSTULER **POUR UN RESTO**

Ce restaurant-là, il se mérite : pour dîner chez Bohemian, il faut envoyer une "lettre de motivation" ou connaître quelqu'un qui connaît quelqu'un qui connaît quelqu'un...

En même temps, c'est normal. Il n'y a que deux tables et Kazu, le chef, est un illuminé de la cuisine : il est déjà allé à Burning Man et son obsession, c'est de cuisiner dans les lieux les plus fous du monde.

Poissons de saison, poivrons, maïs, coquillages, champignons, brochettes... Kazu prépare tout sur le feu, selon la tradition des pêcheurs d'Hokkaido qui cuisinaient sur leurs bateaux. On s'installe donc autour d'une irori, cette table traditionnelle avec son trou au milieu pour le feu, les pieds nus massés par des petites billes, et la cérémonie peut commencer.

Allez, on est sympa... voilà l'adresse mail où envoyer votre lettre de motivation : kazu@playearth.jp

BOHEMIAN
SECRET

Envoyer un email de motivation à : kazu@playearth.jp

#26

BOIRE UN COCKTAIL **À 235 MÈTRES DU SOL**

C'est dans l'hôtel Park Hyatt de Shinjuku qu'ont été tournées les scènes cultes du film *Lost in Translation*. Montez jusqu'au 52e étage du New York Bar dès 17h afin d'avoir l'une des deux meilleures places : soit celle de Bill Murray alias Bob Harris, assis au bar, soit celle face à la vue vertigineuse, à gauche du bar.

Tous les soirs, c'est concert de jazz. Commandez le cocktail L.I.T. alias Lost in Translation (saké, liqueur de cerise, pêche, cranberry) ou le Sugar Blues (Rittenhouse Rye, Yuzu, Coca Cola, Amer Picon, blanc d'oeuf, jus de citron). Et perdez-vous... dans les "translation".

Live Jazz à partir de 20h du lundi au samedi, de 19h le dimanche.

PARK HYATT
3-7-1-2 NISHI SHINJUKU, SHINJUKU-KU, TOKYO

東京都東京都新宿区西新宿
3-7-1-2

LUN - MER : 20h / 23h45
JEU - SAM : 20h / 0h30
DIM : 19h / 22h45

+81 3-5322-1234
Réservation conseillée

tokyo.park.hyatt.com

"RENÉ MAGRITTE DINNER FOR DELVAUX" 2015
CRÉDITS : MASAYUKI SAITO

#27

MANGER
DE L'ART

On ne connaît ni l'adresse, ni les convives. Jusqu'à la dernière minute, on ne sait rien de ce qui va se passer. La seule chose qu'on sait, c'est que la soirée va être mémorable. La mystérieuse Ayako Suwa est une artiste performeuse qui organise à Tokyo des restaurants guerillas où les invités vivent des expériences culinaires extra-ordinaires. Du jamais mangé.

À vous de trouver comment faire partie de la liste des invités potentiels.

FOOD CREATION

Allez voir le site **www.foodcreation.jp** pour vous informer sur les prochains évènements

"TASTE OF PHOTOGRAPHY" 2015
CRÉDITS : NAOHIRO UDAGAWA

"TASTE OF LUNASOL" 2015
CRÉDITS : LUNASOL

CRÉDITS : ITTETSU MATSUOKA

- AYAKO SUWA -

ARTISTE CULINAIRE

L'artiste Ayako Suwa a travaillé pour Dior, Agnès B, des musées contemporains et avec des grands chefs. Son obsession : retranscrire en saveur le goût des émotions. Elle a créé le goût de l'anxiété mélangé lentement à celui de la terreur, celui de la culpabilité , de la fierté, de la mélancolie... Ayako fait de la cuisine une expérience de vie profonde.

Quand est née cette envie de restaurant guerilla dans votre vie ?

À 4 ans. J'ai grandi dans la nature qui à la fois me terrorisait et m'attirait. Les méduses dans la mer, les insectes dans les fleurs : tout me fascinait. Du coup, j'avais organisé un restaurant guerilla : je préparais une dînette avec les insectes morts, le pollen, les fleurs et j'invitais des camarades plus jeunes que moi qui mangeaient tout ça sans savoir ce que c'était...

On mange pour vivre, on goûte pour évoluer

Qu'est-ce qui vous porte dans vos inspirations ?

Le désir, la curiosité, et l'envie de manger. J'aime me demander quand je croise des gens dans la rue ce qu'ils mangent, comment ils vivent, etc...

Quelle est votre dernière découverte ?

C'était dans la mer, des algues que je n'avais jamais vues, à la forme étrange. En fait, dans un aliment, je ne cherche pas le bon goût, mais la surprise.

Comment se déroule un restaurant guerilla ?

Dès son arrivée, le convive est plongé dans un univers particulier. Au moment de passer à table, il doit respecter des règles :

- avoir les yeux fermés
- manger avec les mains
- en une seule bouchée
- en même temps que les autres convives. Pour partager la même sensation.

Et vous, comment imaginez-vous vos restaurants guerilla en amont ?

Un peu comme des cérémonies. Mes serveurs sont des artistes, à qui j'attribue un rôle, et même un caractère. La question que je me pose à chaque fois, c'est : comment exprimer de la meilleure manière possible le goût de cette expérience ? Comment marquer les convives pour qu'ils ressortent avec un souvenir fort ?

La seule chose que j'aime manger, c'est le bizarre

"JOURNEY ON THE TABLE WITH VVG TAIPEI" 2012
CRÉDITS : VVG

HOSHINOYA KARUIZAWA,
KITASAKU-GUN, NAGANO, 389-0194

長野県北佐久郡軽井沢町長倉
2148

seulement pour les occasions exceptionnelles, car très cher
à partir de 52 000 yens / nuit

+81 50-3786-1144
Réservation indispensable

hoshinoya.com/karuizawa/en/

#28

QUITTER LA VILLE POUR **UNE NUIT MAGIQUE**

3 RYOKANS OUT OF TOKYO

> UN RYOKAN DE LUXE

Le temps d'une nuit, quittez la faune tokyoïte pour un lieu onirique, comme sorti d'un film de Miyazaki : l'hôtel Hoshinoya à Karuizawa, un grand ryokan, son paisible onsen, ses chemins de pierres et ses petites pagodes en bois en plein coeur d'une forêt. Elles sont toutes réunies autour d'un lac et, à la nuit tombée, une barque se glisse sous votre fenêtre pour y allumer des dizaines de lanternes flottantes qui illuminent la nuit comme des lucioles. Dans chaque pagode, les chambres disposent d'un bain privé mais vous pouvez aussi grimper dans le Meditation Bath, un bain chaud installé dans une pièce tamisée.

À 1h de Tokyo en prenant le Shinkansen

QU'EST CE QU'UN RYOKAN ?

C'est une auberge traditionnelle japonaise, constituée de matériaux typiques (bois, bambou, papier de riz, tatami) et de mobilier minimaliste (tables basses, cloisons coulissantes, futons) que l'on déplace au fil de la journée puisque les pièces font à la fois chambre et salon. Il y en a peu à Tokyo, beaucoup plus à Kyoto et dans la campagne japonaise.

HOSHINOYA KARUIZAWA

> UN BAIN PRIVÉ DANS LA MONTAGNE

Avec ses vues panoramiques sur la mer depuis la chambre, le ryokan Kazekomichi est situé dans la magnifique ville d'Atami, avec ses palmiers et son bord de mer.

Le meilleur moment pour profiter de la vue : le matin, de votre bain chaud privé installé sur votre terrasse, en regardant le lever du soleil sur la mer.

À 30 minutes de Tokyo en prenant le Shinkansen

WATEI-KAZEKOMICHI
28-18 BAIEN-CHO, ATAMI, SHIZUOKA

静岡県熱海市梅園町28-18

à partir de 38 000 yens pour deux	contact@kazekomichi.jp	kazekomichi.jp/en/

LE CHARME DISCRET DU SHINKANSEN

Au Japon, les paysages sont tellement beaux que le voyage en train vaut la destination. Pour quitter Tokyo, vous pouvez prendre les petits trains de province ou, pour gagner du temps, le Shinkansen (nom du TGV japonais).
Avant de monter dans le train en gare de Tokyo, choisissez votre bento à emporter chez Ekibenya Matsuri (dans le hall de la gare) et savourez-le en regardant le paysage défiler sous vos yeux.

> LE MEILLEUR ONSEN DU JAPON

Dans la ville de Kusatsu, le Kusatsu Onsen a été élu meilleur onsen du Japon, notamment pour la qualité thérapeutique de ses eaux, mais aussi pour la beauté de ses sources chaudes qui se croisent en plein milieu de la ville pour former des petites rivières. Passez la journée dans ce onsen et dormez à l'hôtel Boun.

En Shinkansen + train local, environ 2h30

KUSATSU ONSEN BOUN
433-1 KUSATSU-MACHI,
AGATSUMA-GUN, GUNMA, JAPAN

群馬県吾妻郡草津町433-1

à partir de 30 000 yens pour deux

+81 279-88-3251

www.hotelboun.com

628
629
632
631
630
629
606
605
604
603
60

#29

DORMIR DANS **UN HÔTEL CAPSULE**

Tokyo regorge d'hôtels capsules, conçus pour optimiser l'espace en proposant non pas des chambres, mais des lit-cabines disposés côte à côte. Claustrophobes s'abstenir. Notre préféré, c'est le Nine Hours, dans lequel les clients ne passent que "9 heures" : le temps qu'il faut pour dormir, voire un peu plus. Il ressemble à une station spatiale intergalactique, avec toute la classe et la technologie qu'on envie tant au Japon : réveil lumineux, oreillers ergonomiques, pyjamas et chaussons fournis.

CRÉDITS : 9HOURS

9HOURS
3F-8F 1-4-15 HYAKUNINCHO,
SHINJUKU-KU,TOKYO 169-0073

東京都新宿区百人町1-4-15 ナインアワーズ北新宿ビル3-8F

à partir de 5 000 yens

+81 3-5291-7337

https://ninehours.co.jp/en/

#30

LE MUSÉE **LE PLUS FOU**

On vous a déjà parlé d'une création du teamLab, mais voilà, ils ont encore frappé, alors impossible de ne pas ajouter à la dernière minute leur nouveau projet fou. Cette fois-ci, ils ont ouvert le Mori Building Digital Art, un musée unique au monde : les visiteurs ne verront jamais deux fois la même chose. Pourquoi ? Parce que les oeuvres sont vivantes et réagissent en live au contact des spectateurs à l'aide d'un demi-millier de projecteurs et d'ordinateurs : ici une cascade qui dévale un mur, là une balade dans une forêt de lampes ou le long d'une rizière virtuelle. Leur mission ? Montrer que le monde n'a pas de limite. Objectif atteint.

MORI Building DIGITAL ART
MUSEUM: teamLab Borderless
ODAIBA PALETTE TOWN, 1-3-8
AOMI, KOTO-KU, TOKYO, JAPAN

東京都江東区青海1-3-8 お台場
パレットタウン

LUN - JEU : 11h / 19h
VENDREDI ET VEILLE DE JOURS FÉRIÉS : 11h / 21h
SAMEDI : 10h / 21h
DIMANCHE ET JOURS FÉRIÉS : 10h / 19h

+81 3-6406-3949

acheter les billets:
https://ticket.teamlab.art

MORI BUILDING DIGITAL ART
MUSEUM: TEAMLAB BORDERLESS

Dans la collection “Soul Of“, la 31e adresse ne vous sera jamais révélée car elle est trop confidentielle. à vous de la trouver.

#31

L’ADRESSE **TROP SECRÈTE**

Pour trouver la petite porte de ce restaurant, on ne vous donne que l’adresse du 7-Eleven. Quand vous serez dedans, voilà la liste des plats à commander : maquereau flambé, maïs pané, bruschetta au thon, avocat et oeuf de poisson, gambas en tempura, tofu au miel... Bonne investigation.

adresse de départ :

7-ELEVEN
1-11-5 JINNAN, SHIBUYA-KU
TOKYO, 2F

東京都渋谷区神南1-11-5
ダイネス壱番館別館2F

LUN - DIM : 17h30 / 23h30

+81 3-3463-1010
Réservation indispensable

à partir de 4 000 yens

SUIVEZ NOTRE ITINÉRAIRE POUR TROUVER L'ENTRÉE SECRÈTE

1. Prenez l'escalier à droite du 7-Eleven

2. Grimpez et allez jusqu'au bout du couloir

3. Ouvrez la vieille porte grise sur votre droite

4. Tout au bout du couloir, il y a une grande et une petite porte

5. Ouvrez la petite porte

6. Bon appétit

TOURNÉE DE

☑ SHOPPING
☑ BEAUTÉ
☑ KAWAII

PASSE LE BÂTON À TON VOISIN

"Passer le bâton", c'est le joli nom de cette boutique de recyclage moderne dont la philosophie est de transmettre les choses que l'on aime au prochain propriétaire. C'est d'autant plus excitant d'y aller quand on sait que les pièces à vendre appartiennent à des célébrités (sur chaque étiquette, on trouve une photo du "people" avec une petite anecdote qui raconte l'histoire de l'objet en vente). Et pour "passer le bâton" jusqu'au bout, l'acheteur peut aussi laisser un message au propriétaire précédent.

Pass the Baton Omotesando
4-12-10 Jingumae, Shibuya-ku
Tokyo, Omotesando
Hills West Bldg B2F
4-12-10 表参道ヒルズ西館B2F東京都渋谷区神宮前4-12-10 表参道ヒルズ西館B2F
11h / 21h lundi-samedi
11h / 20h dimanche et jours fériés
Tel: +81 3-6447-0707
www.pass-the-baton.com

VOYAGE, VOYAGE

Dans cette boutique destinée aux voyageurs, on trouve des carnets de voyage et objets inspirants qui donnent illico envie de sauter dans un avion pour l'autre bout du monde.

Traveler's Factory
3-13-10 Kamimeguro,
Meguro-ku,Tokyo
東京都目黒区上目黒3-13-10
ou celui de l'aéroport Narita International Airport, Terminal-1 4F
12h / 20h, fermé le mardi
Tel: +81 3-6412-7830
www.travelers-factory.com

LA MARQUE CULTE DES JAPONAIS

Ici, on se sent parfois plus dans une installation d'art contemporain que dans une boutique de mode : Dover Street Market a été imaginé par la créatrice japonaise de Comme des Garçons, la marque culte qui fait la fierté des Japonais : on y retrouve donc certaines pièces rares de la collection ainsi qu'une belle sélection de créateurs. Conseil : montez sur le toit au dernier étage, il y a une surprise.

Dover Street Market
6-9-5 Ginza, Chuo-ku, Tokyo
東京都中央区銀座6-9-5
11h / 20h
Tel: +81 3-6228-5080
ginza.doverstreetmarket.com

LA MEILLEURE FRIPE CHIC DE TOKYO

Si vous aussi, vous êtes fan de Comme des Garçons mais cherchez des prix plus abordables, allez chez Ragtag Harajuku (un select shop second hand).

Ragtag Harajuku
6-14-2 Jingumae, Shibuya-ku, Tokyo
東京都渋谷区神宮前6-14-2
11h/20h
Tel: +81 3-6419-3770
www.ragtag.jp

VINTAGE DE LUXE

Cette boutique cachée dans un bâtiment résidentiel est pour tous les col-

CRÉDITS : PASS THE BATON OMOTESANDO, @DOGHJK, SAVVYTOKYO.COM,

lectionneurs compulsifs des pièces mythiques de Chanel.

Vintage Qoo
1F, 4-11-15 Jingumae, Shibuya, Tokyo
東京都渋谷区 神宮前4-11-15 シナモンオーク1F
12h / 19h
Tel: +81 3-6804-2017
www.qoo-online.com/

LE TEMPLE DE LA MODE DÉJANTÉE

DOG Harajuku est une petite boutique bien cachée au sous-sol, dans une ruelle de Harajuku, mais c'est en fait un vrai temple de la mode déjantée : on y trouve des vêtements qu'on ne peut porter nulle part, à part quand on s'appelle Lady Gaga ou Madonna... Ah tiens, d'ailleurs, c'est là qu'elles s'habillent quand elles vont à Tokyo.

DOG Harajuku
3-23-3 Jingumae Shibuya-ku Tokyo, B1 Trinity Bld.
東京都渋谷区神宮前 3-23-3, B1トリニティービル
12h / 20h
Tel: +81 3-3746-8110
www.dog-hjk.com

DÉVALISER UNE BOUTIQUE

Vous irez pour ramener des souvenirs aux autres, mais vous achèterez tout autant pour vous-même chez Tokyu Hands, le royaume des gadgets addictifs en tout genre.

Tokyu Hands
12-18 Udagawacho, Shibuya-ku, Tokyo 東京都澀谷區宇田川町12-18
10h / 21h
Tel: +81 3-5489-5111
www.tokyu-hands.co.jp

COUTEAU JAPONAIS

Chez Kappabashi Dori, vous trouverez tout pour la cuisine. Cadeau à s'offrir : un bon couteau japonais ou de belles céramiques nippones pour faire une petite cérémonie du thé une fois rentré chez soi.

Kappabashi-Dori
Matsugaya, 3–18–2, Taito-ku
都台東区松が谷 3-18-2
10h / 17h

KIMONO VINTAGE

Chicago, c'est une boutique vintage culte à Harajuku, avec une sélection de kimonos à prix mini. Cadeau à s'offrir : un yukata – kimono en coton léger qui fera office de peignoir.

Chicago
6-31-21 Jingumae, Shibuya-ku, Tokyo
東京都渋谷区 神宮前6－31－21 オリンピアアネックスビルB1F
11h / 20h
Tel: +81 3-3409-5017
www.chicago.co.jp
2000 yens environ, le rayon kimonos est au fond de la boutique

BAGUETTEMANIA

Chez Ginza Natsuno Aoyama, il y a au moins 1000 paires de baguettes : vous y trouverez même celles pour les plats difficiles à attraper (les haricots, le tofu...).

Ginza Natsuno Aoyama
4-2-17 Jingumae, Shibuya-ku, Tokyo
座夏野 青山店 東京都渋谷区神宮前 4-2-17
10h / 20h
dimanche et jours fériés 10h / 19h
Tel: +81 3-3403-6033
www.e-ohashi.com

LE SOMMELIER DU CAFÉ

Le vendeur de cette boutique dédiée aux amoureux du café est un puriste : veste de laboratoire, diagnostic poussé sur vos goûts en café et temps de préparation d'au moins 10 minutes pour vous réaliser la tasse de café parfaite. Qui vaut largement l'attente.

KOFFEE MAMEYA
4-15-3 Jingumae, Shibuya-ku, Tokyo
東京都渋谷区神宮前4-15-3
10h / 18h

LE MEILLEUR SUPERMARCHÉ

Pour commencer votre histoire d'amour avec la nourriture locale, rien de mieux que les sous-sols des grands magasins : notre préféré, c'est celui d'Isetan, où vous trouverez les petits trésors de la pâtisserie japonaise, des produits saisonniers, du caviar, du boeuf de Kobé, du saké, souvent préparés sur place et à rapporter à son hôtel pour faire un festin sur votre lit ou dans votre bain.

Isetan Shinjuku
Isetan food section
3-14-1, Shinjuku, Shinjuku-ku, Tokyo, B1F 東京都新宿区新宿3-14-1 B1F
10h30 / 20h
Si vous voulez vous prendre pour le président de la République, arrivez à l'heure d'ouverture, c'est-à-dire à 10h30 pétantes, et vous verrez tous les employés alignés, se pliant à 90 degrés pour vous saluer

NAIL SALON

Au Japon, l'application de "gel nails", ces vernis qui ne s'écaillent pas et restent brillants jusqu'à la dépose, est une quasi religion. Une Tokyoïte passe dans un salon de gel nail au moins une fois par mois. Elle y choisit son "nail art" qui varie de motif et de couleur selon les saisons. Uka (dont on vous a déjà parlé) est le salon d'une virtuose des ongles japonais, Kiho Watanabe. Comme pour les cheveux, les mains se font masser, et les ongles métamorphoser.

Uka Tokyo Midtown
9-7-4 Galleria 2F, Akasaka, Minatoku Tokyo 東京都港区赤坂9-7-4 東京ミッドタウン ガレリア2F
10h / 21h30, réservation indispensable
Tel: +81 3-5413-7236
www.uka.co.jp/english/

Compter 90 minutes pour une pose du gel nail et environ 10 000 yens

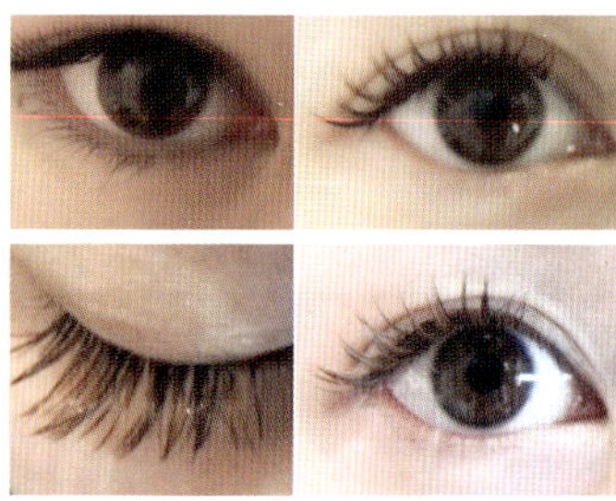

SE FAIRE POSER DES FAUX CILS POUR RESSEMBLER À UNE SHIBUYETTE

Des cils bleu foncé ou rose fluo ? À vous de choisir votre couleur, forme, épaisseur dans ce salon d'extension de cils. Ça prend 2 heures, ça tient 3 semaines.

Efil Lavie
5-6-5 Jingumae Shibuya-ku, Tokyo 京都渋谷区神宮前5-6–5
12h / 22h lundi - vendredi
10h / 20h samedi- dimanche
Fermé le mardi

Tel: +81 3-6450-6400
À partir de 80 cils ajoutés pour 6 400 yens

LES SECRETS DE LA PHARMACIE JAPONAISE

On ne connaît pas vraiment un pays avant de se perdre dans la section beauté d'une pharmacie locale. À Tokyo, la pharmacie star, c'est Matsumoto Kyoshi, cette enseigne jaune que l'on trouve partout et qui ouvre jusqu'à 22h. En cas de jet lag, celle de Shibuya est ouverte 24h sur 24.

Matsumoto Kyoshi
22-3, Udagawacho, Shibuya-ku, Tokyo
東京都渋谷区宇田川町22-3
24h sur 24
Tel: +81 3-3463-1130
www.matsukiyo.co.jp

QUELQUES PRODUITS FÉTICHES :

GOUTTES POUR LES YEUX

Le secret de tous les shootings photos : ces gouttes qui agissent immédiatement en enlevant toutes les rougeurs des yeux, qu'elles hydratent et calment. Bye bye yeux rouges post-jetlag.

-> Rohto

CRÈME ANTI-BRONZAGE

Les Japonaises détestent bronzer, aucune ne sortira dehors sans sa crème anti UV sur le visage. Le meilleur rapport qualité prix, c'est cette petite bouteille bleu ciel qui a gagné plusieurs prix au Japon pour sa texture qui ne laisse aucune trace et hydrate la peau sans méchant film gras.

-> Biore UV 50 AQUA Rich.

MASQUE POUR LES YEUX

Le secret d'un bon sommeil pour votre vol de retour ? Ce masque parfumé au yuzu (agrume japonais) ou à la rose pour vous relaxer.

-> KAO Megurhythm

N'oubliez pas de prononcer kawaii en poussant un petit cri d'excitation à la fin : c'est ce que les Japonais font pour qualifier quelque chose d'à la fois adorable, innocent et vulnérable. Kawaii, c'est Pikachu et Hello Kitty, c'est le pastel et l'arc-en-ciel, c'est arrondi, petit et doux, c'est la mignonitude absolue et c'est surtout une vraie philosophie de la pop culture nippone qu'on prend très au sérieux.

LE KAWAII MONSTER CAFÉ

Pour commencer le voyage dans le monde du kawaii, téléportez-vous directement dans l'univers parallèle du Kawaii Monster Café, un lieu ambiance mi-café mi-spectacle, avec des costumes, des chansons, des plats aux couleurs de l'arc-en-ciel...

Kawaii Monster Café
YM square building 4F, 4–31–10, Jingumae, Shibuya, Tokyo
東京都渋谷区神宮前4-31-10
déjeuner: 11h30 / 16h30
dîner: 18h / 22h30
Tel: +81 3-5413-6142
kawaiimonster.jp

BARBE À PAPA ARC-EN-CIEL

La barbe à papa de Harajuku couleur arc-en-ciel bien pastel, préparée devant vous, les petits cake-pops (gâteaux montés sur des sucettes) tout mignons,

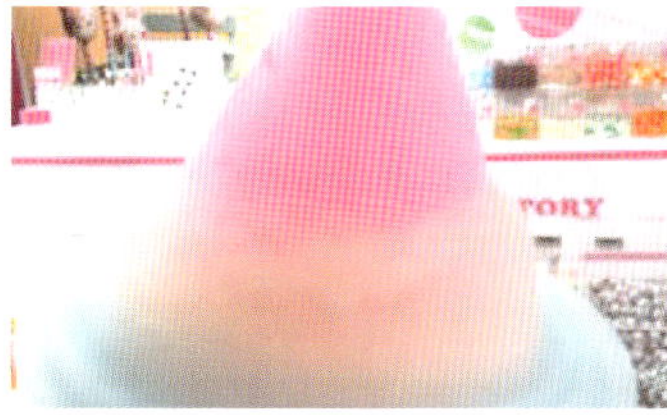

et les bonbons de toutes les formes et de toutes les couleurs.

Totti Candy Factory
2F, 1-16-5 Jingumae, Shibuya-ku, Tokyo
東京都渋谷区神宮前1-16-5 RYUアパルトマン2F
10h30 / 20h samedi
9h30 / 20h dimanche
Tel: +81 3-3403-7007
www.totticandy.com
(c'est sur la uber-kawaii rue Takeshita à Harajuku)

N'OUBLIEZ PAS VOTRE IPHONE

Dans une ville qui prend ses desserts (presque) plus au sérieux que sa politique, un des cafés régnant sur le royaume Instagram est celui de Dominique Ansel : c'est lui qui a marié le croissant au donut (et donné naissance au cronut), inventé la glace au maïs et celle à la pastèque.

Dominique Ansel Bakery
5-7-14 Jingumae, Shibuya-ku, Tokyo
京都渋谷区神宮前5-7-14
10h / 19h
Tel: +81 3-3486-1329

CRÉDITS : @KAWAIIMONSTERCAFE, TOTTICANDYFACTORY, DOMINIQUEANSELBAKERY.

www.dominiqueanseljapan.com/

GLACES XXXXL

Anywhere Door est une boutique très minimaliste avec des glaces très maximalistes : les cornets viennent en douze versions, avec un double fond tapissé et décoré de paillettes multicolores. Attention à l'overdose.

Anywhere Door
3-27-15 Jingumae, Shibuya-ku, Tokyo
東京都渋谷区神宮前3-27-15 FLAG 1A
11h / 19h
Tel: +81 3-03-6721-1995
www.anywheredoor.jp

MANGER UN PLAT TOUT BLEU

À Asakusa, une ancienne partie de Tokyo, Kipposhi est un petit ramen tout délicieux, avec du poulet dans sa soupe... toute bleue (la couleur est réalisée à base d'un mystérieux ingrédient naturel que seul le chef connaît). Et en plus c'est délicieux.

Kipposhi
3-1-17 Azumabashi, Sumida, Tokyo
東京都墨田区吾妻橋3-1-17 吾妻橋ハイム101
déjeuner 11h30 / 14h30
dîner 17h30 / 21h, fermé le mercredi
Tel: +81 3-6658-8802

VISITER UN TEMPLE DE CHATS

C'est véritablement un temple dédié aux chats que l'on trouve dans le quartier de Gotokuji : des centaines de statues blanches de chats (à l'origine du fameux Maneki-neko, ce chat qui souhaite la bienvenue avec sa patte en l'air), alignés sur un autel et destinés à vous porter chance.

Gotokuji
2-24-7 Gotokuji, Setagaya, Tokyo
谷区豪徳寺2-24-7 豪徳寺
9h / 16h30
Tel: +81 3-3426-1437

CARESSER UN HIBOU

Les appartements des Tokyoïtes sont aussi petits que des boîtes à chaussures : y faire entrer un animal de compagnie est un voeu pieux. D'où la popularité des "Animal cafés", ces lieux où l'on peut caresser des animaux. Après le bar à chats, le bar à chiens et le bar à lapins, le tout dernier-né, c'est le café à hiboux.

Owl Cafe & Bar
1-21-15 Jingumae, Shibuya, Tokyo, Harajuku ATM Bldg. 4F 渋谷区神宮前
1-21-15 ATM 4F
11h / 19h
www.owlvillage.jp (compter environ 2500 yen avec une boisson)

SE FAIRE "PURIKURER"

L'activité favorite des jeunes Japonais : se faire prendre en photo dans des purikuras, sortes de photomatons qui vous transforment en stars... version japonaise. C'est-à-dire avec un sourire Hello Kitty, des yeux de Bambi, un corps allongé. Ensuite, vous pouvez même choisir un make-up virtuel et customiser les photos avec des icônes kawaii. Toujours plus ? C'est possible, vous pouvez louer un costume d'écolière japonaise, de serveuse ou de licorne.

Calla Lily
Shibuya Chitose Kaikan Bldg. 1F, 13-8, Udagawacho, Shibuya-ku
渋谷区宇田川町13-8 渋谷ちとせ会館
11h / 23h30
Tel: +81 3-5784-0280

CRÉDITS : @ANYWHEREDOOR_JP, SIBASAKI1001

MERCI À

AURÉLIE R pour avoir été la première à faire découvrir Tokyo à Fany.

IKUMI pour l'avoir suivie dans toutes ses pérégrinations et pour les 1001 coups de fils improbables qu'elle a passés pour nous.

IWONKA pour avoir débusqué des trésors d'adresses, exploré des lieux insensés, réussi à mettre des "ronds dans des carrés", et pour tous nos fous rires post saké.

AKO pour nous avoir présentés des tas de gens incroyables et pour avoir traduit nos conversations les plus insensées.

OUSSAMA pour avoir fait les 400 coups au Japon avec nous.

KANAKO, AURÉLIE S ET FABIAN pour avoir retranscrit l'âme de cette ville en images et en dessins.

THOMAS J notre chef d'expédition.

Le livre a été réalisé par :

Fany et Amandine Péchiodat,
cofondatrices de My Little Paris, auteures

Iwonka Bancerek, co-auteure et blogueuse voyages,
suivez-la sur Instagram sur @toteone

Kanako Kuno, illustratrice

Fabian Parkes, photographe

Aurélie Saint-Martin, directrice artistique et conception de la maquette

Emmanuelle Willard Toulemonde, mise en page

Clémence Mathé, édition

Vous pouvez nous écrire à contact@soul-of-cities.com

Rejoignez-nous sur Instagram sur @soul_of_guides

Conformément à une jurisprudence constante (Toulouse 14-01-1887), les erreurs ou omissions involontaires qui auraient pu subsister dans ce guide, malgré nos soins et les contrôles de l'équipe de rédaction, ne sauraient engager la responsabilité de l'éditeur.
Toute reproduction, même partielle, de ce livre et quel qu'en soit le support est interdite sans autorisation préalable de l'éditeur.

© JONGLEZ 2018
Dépôt légal : Octobre 2018 - Édition : 01
ISBN: 978-2-36195-291-4
Imprimé en Bulgarie par Multiprint